# Das Heil-Orakel der Engel

*Doreen Virtue*

# Das Heil-Orakel der Engel

*44 Karten mit Anleitung*

Aus dem Amerikanischen
von
Angelika Hansen

WILHELM HEYNE VERLAG
MÜNCHEN

Herausgegeben von Michael Görden

Die Originalausgabe erschien unter dem Titel
HEALING WITH THE ANGELS.
ORACLE CARDS
bei Hay House, Inc., Carlsbad, CA

Heyne Verlag
Heyne ist ein Verlag des
Verlagshauses Ullstein Heyne List GmbH & Co. KG

2. Auflage 2002


www.heyne.de
Umschlaggestaltung: FranklDesign, München
Umschlagillustration: Corey Wolfe
Kartenillustrationen: Shirley Ann, Corey Wolfe, Bruce Harman,
Elly M. Reeve
Design: Jenny Richards
Herstellung: Helga Schörnig
Satz/Lithografie: Schaber Satz- und Datentechnik, Wels
Druck und Bindung: Spielkartenfabrik Altenburg GmbH
Printed in Germany

ISBN 3-453-86176-0

In Dankbarkeit für Frederique, Jesus, meine Engel und Führer, Charles Schenk, Michael Tienhaara, Steve Allen, Bronny Daniels, Linda Fields, Louise L. Hay, Reid Tracy, Jill Kramer, Christy Salinas, Jenny Richards, Mary Ellen Angelscribe, William Bouguereau, Elly Reeve, Bruce Harman, Corey Wolfe und Shirley Ann.

# Inhalt

## Mit den Engelkarten arbeiten

Am besten arbeitet man mit Engelkarten auf intuitiver Basis. Die Engel haben mich gelehrt, auf folgende Weise mit ihren Karten zu arbeiten:

1. *Entspannen und zentrieren Sie sich.* Schließen Sie die Augen und atmen Sie einige Male tief ein und aus. Visualisieren Sie einen Strahl weißen Lichtes, der durch die Mitte Ihres Kopfes und dann durch Ihren ganzen Körper fließt. Andere Möglichkeiten der Entspannung sind beispielsweise das Ablegen aller Kleidungsstücke, die Sie einengen, ein ungestörter Aufenthalt in der Natur oder in der Nähe lebender Pflanzen, das Anhören meditativer oder klassischer Musik oder ein wohlig warmes Bad.

2. *Nehmen Sie das Kartendeck in die Hand.* Wenn Sie ein neues Orakeldeck benutzen, machen Sie sich zuerst damit vertraut, indem Sie sich Zeit nehmen und jede Karte einzeln berühren. Konzentrieren Sie sich auf Gedanken der Liebe, während Ihre Finger und Hände mit jeder einzelnen Karte Kontakt aufnehmen. Auf diese Weise versehen Sie das Kartendeck mit Ihrem energetischen Fingerabdruck. Wenn Sie ein Deck benutzen, das vorher jemand anderem gehört hat, bitten Sie zuerst Ihre Engel, die Information und Energie des Betreffenden zu beseitigen.

*3. Stellen Sie den Kontakt zu Ihren Engeln her.* Während Sie das Kartendeck halten und mischen, bitten Sie mental Ihre Engel und alle anderen Wesenheiten, mit denen Sie sich auf der spirituellen Ebene verbunden fühlen, Ihnen beim Legen der Karten zu helfen. Ich habe festgestellt, dass meine Lesungen besonders kraftvoll sind, wenn ich den Heiligen Geist um Unterstützung bitte. Experimentieren Sie damit, sich für die Arbeit mit den Karten mit verschiedenen aufgestiegenen Meistern und göttlichen Wesenheiten zu verbinden, und finden Sie heraus, womit Sie die besten Resultate erzielen. Dann werden Sie bald Ihre eigenen Vorlieben für bestimmte spirituelle Verbindungen entwickeln, wenn Sie mit den Karten arbeiten.

*4. Stellen Sie Ihre Frage.* Sobald Sie den Kontakt mit der göttlichen Ebene hergestellt haben, stellen Sie Ihren Engeln eine spezifische Frage oder bitten sie um Anleitung in einem bestimmten Lebensbereich. Sie können Ihre Engel auch bitten, Ihnen ein allgemeines Reading zu geben, indem Sie sagen: »Bitte zeigt mir das, was ich jetzt im Augenblick wissen muss.« Wiederholen Sie die Frage an Ihre Engel, während Sie die Karten mischen, bis Sie intuitiv die Anweisung fühlen (oder hören), dass Sie mit dem Mischen aufhören können.

*5. Das Legen der Karten.* Die Engel werden Sie intuitiv anleiten, die jeweils zuoberst auf dem Deck liegenden

Karten zu nehmen und sie nebeneinander vor sich auszubreiten. Die Engel werden Ihnen sagen, wie viele Karten Sie nehmen sollen. Dabei *spüren* Sie vielleicht, wie viele Karten Sie nehmen müssen, oder Sie *hören* oder *sehen* eine Zahl, die Ihnen die Anzahl der Karten mitteilt, die Sie auslegen sollen, oder Sie *wissen* einfach, wie viele Karten es sein müssen. Keine Angst – Sie können nichts falsch machen. Entspannen Sie sich einfach und genießen Sie den Prozess.

6. *Das Interpretieren der Karten.* Die erste Karte, die Sie vor sich hinlegen (links von Ihnen), bezieht sich auf Ihre unmittelbare Vergangenheit – auf etwas, mit dem Sie in den letzten drei Monaten zu tun hatten. Die nächste Karte (rechts von der ersten Karte) gibt Auskunft über Ihre gegenwärtige Lebenssituation und Denkmuster. Die folgende Karte, die Sie rechts neben die zweite legen, zeigt Ihnen Ihre unmittelbare Zukunft und gibt Ihnen Informationen über bevorstehende Ereignisse oder Themen. Jede weitere rechts liegende Karte beschäftigt sich mit zukünftigen Ereignissen in Abschnitten von jeweils ungefähr drei Monaten. Ihre Intuition wird Sie wissen lassen, ob der Zeitrahmen dabei kürzer oder länger als drei Monate ist.
Auf den folgenden Seiten erfahren Sie einiges über die allgemeine Bedeutung der einzelnen Karten. Während Sie diese Informationen lesen, werden Ihnen Ihre Engel

gleichzeitig individuelle Botschaften zu Ihrer eigenen Situation übermitteln. Vertrauen Sie allen Gefühlen, Stimmen, Visionen, Träumen oder Gedanken, die in Ihnen auftauchen, während Sie sich mit der Bedeutung Ihrer Karten vertraut machen. Wenn Sie dabei von Selbstzweifeln heimgesucht werden, bitten Sie Ihre Engel um Hilfe.

7. *Beachten Sie den Zusammenhang der Karten.* Jede Kartenauslegung erzählt eine Geschichte, daher sollten Sie nicht nur jede Karte einzeln betrachten, sondern auch, in welchem Verhältnis sich jede Karte zu den anderen befindet. Was hat zum Beispiel die Karte Ihrer gegenwärtigen Lebenssituation mit der Karte Ihrer unmittelbaren Vergangenheit zu tun? Bei jeder Kartenauslegung gibt es so etwas wie einen »roten Faden« und ein verbindendes Thema. Erlauben Sie den Engeln, Sie auf alle Muster aufmerksam zu machen, die aus Ihren Karten ersichtlich sind.

8. *Beachten Sie die Position der einzelnen Karten.* Karten, die richtig herum vor Ihnen liegen, zeigen, dass Sie gegenwärtig mit dem auf der Karte beschriebenen Thema zu tun haben oder in naher Zukunft zu tun haben werden. Jede Karte, die aus Ihrer Sicht verkehrt herum liegt, zeigt an, dass es in diesem Lebensbereich eine Blockade gibt. Wenn Sie ein Reading für eine andere Person geben, wei-

sen die Karten, die aus Ihrer Sicht (wenn Sie der anderen Person gegenüber sitzen) richtig herum liegen, auf eine Blockade bei Ihrem Klienten hin. Sie werden feststellen, dass selbst dann, wenn Sie alle Karten vor dem Mischen richtig herum legen, immer eine oder mehrere Karten beim Auslegen verkehrt liegen. Der Grund dafür ist im universellen Gesetz der Anziehung zu finden. Bitten Sie Ihre Engel um besondere Hilfe in diesen blockierten Bereichen und machen Sie sich bewusst, dass jeder Mensch von Zeit zu Zeit Blockaden erlebt. Es ist Teil unseres spirituellen Weges, diese Blockaden, die auf Angst basieren, aufzudecken und zu heilen. Das Kartendeck ist ein wichtiges Instrument zum Verständnis des eigenen Selbst, und dazu gehört, dass wir uns klar machen, in welchen Bereichen unseres Lebens wir unter Umständen blockiert sind.

9. *Achten Sie auf alle »springenden« Karten.* Wenn beim Mischen Ihrer Karten eine aus dem Deck »herausspringt«, sollten Sie dieser Karte besondere Aufmerksamkeit schenken. Sie enthält eine wichtige Botschaft Ihrer Engel.

## *Anderen ein Engel-Reading geben*

Die Engel helfen Ihnen auch, wenn Sie einem anderen Menschen die Karten legen. Der Betreffende muss nicht physisch anwesend sein, wenn Sie das Reading vorneh-

men. Sie können beispielsweise Karten für ihn ziehen, während Sie mit ihm telefonieren, oder auch, während Sie alleine sind und für die Gesundheit und das Glück dieses Menschen beten.
Benutzen Sie die gleichen Schritte, die für das Engel-Reading oben beschrieben wurden, mit dem Unterschied, dass Sie an den anderen Menschen denken und mental drei- oder viermal seinen Namen sagen, während Sie die Karten mischen. Falls der Betreffende eine spezifische Frage hat, dann stellen Sie innerlich Gott und den Engeln diese Frage, während Sie mischen. Es ist wichtig, dass Sie sich auf die andere Person konzentrieren, damit die Karten, die Sie auslegen, deren Themen reflektieren und nicht Ihre. Manchmal jedoch schickt Gott uns Menschen, die mit den gleichen Themen und Problemen beschäftigt sind wie wir. Dann werden Sie vielleicht feststellen, dass die Kartenauslegung für Sie beide zutrifft!

### *Mit Legemustern arbeiten*

Neben dem beschriebenen intuitiven Auslegen der Karten können Sie auch mit folgenden Legemustern arbeiten:

### *Vergangenheit – Gegenwart – Zukunft*

Mischen Sie die Karten und bitten Sie gleichzeitig Ihre Engel um Hilfe für ein genaues Reading. Dann bitten Sie sie, Ihnen die Wahrheit über die Frage oder Situation zu enthüllen, über die Sie zusätzliche Informationen haben möchten. Hören Sie mit dem Mischen auf, wann immer Sie das Gefühl haben, dass es genug ist, nehmen Sie die zuoberst liegende Karte aus dem Deck und legen sie vor sich hin. Dann nehmen Sie die nächstfolgende Karte und legen sie rechts von der ersten. Jetzt nehmen Sie eine weitere Karte von oben und platzieren diese wieder rechts von der vorhergehenden.

Die erste Karte, die am weitesten links liegt, bezieht sich auf Dinge, die in Ihrer unmittelbaren Vergangenheit geschehen sind, die mittlere Karte zeigt Ihre gegenwärtige Situation, und die rechte Karte enthüllt das Resultat. Sie können das Resultat jederzeit ändern, indem Sie Ihre Gedanken neu »mischen«, sodass sie mehr auf Liebe als auf Angst basieren. Ihre Engel können Ihnen bei dieser Neuordnung helfen, wenn Sie sie darum bitten.

## *Jahreskreis*

Mischen Sie die Karten und bitten Sie gleichzeitig Ihre Engel, Ihnen Botschaften hinsichtlich der kommenden zwölf Monate zu übermitteln. Dann nehmen Sie die zwölf obersten Karten des Decks und legen sie vor sich in einem Kreis aus. Die erste Karte repräsentiert den laufenden Monat, die nächste den folgenden und so weiter, bis jeweils eine Karte für die nächsten zwölf Monate vor Ihnen liegt. Wie bei allen Kartenlesungen können Sie auch hier Ihre Zukunft ändern, indem Sie Ihre Gedanken und Intentionen in Bezug auf die Zukunft ändern.

*Einzelkarte*

Mischen Sie das Deck und bitten Sie die himmlischen Mächte, Ihnen bei der Frage zu helfen, die Ihnen auf dem Herzen liegt. Dann ziehen Sie intuitiv eine Karte aus dem Deck (von oben, aus der Mitte oder von unten – lassen Sie sich führen). Lesen Sie die Bedeutung der Karte in diesem Buch nach, wobei Sie gleichzeitig auf zusätzliche Botschaften Ihrer eigenen Schutzengel lauschen.

*Willkürliches Nachschlagen im Buch*

Das vorliegende Deutungsbuch erfüllt ebenfalls die Funktion eines Werkzeuges zur Weissagung. Sie können willkürlich irgendeine Seite aufschlagen und Botschaften darin finden, die in diesem Augenblick für Sie von Bedeutung sind. Aufgrund des universellen Gesetzes der Anziehung werden Sie das Buch genau an der Stelle öffnen, die perfekt zu Ihrer gegenwärtigen Situation und Ihrem Denkschema passt.

# Die Deutung der Karten

Auf den folgenden Seiten finden Sie zu jeder Engelkarte eine Deutung der Botschaften aus den himmlischen Bereichen. Die Karten werden in alphabetischer Reihenfolge beschrieben.

Während Sie die einzelnen Beschreibungen lesen, werden sich Ihre Engel mit individuellen Botschaften für Sie vernehmen lassen. Lesen Sie mit offenem Herzen, da die Botschaften der Engel oft in Form einer emotionalen oder physischen Empfindung empfangen werden. Es kann auch sein, dass Sie Anleitungen Ihrer Schutzengel in Form eines Gedankens, einer Idee, einer Vision, eines Traumes, einer inneren oder äußeren Stimme oder sogar eines Geruchs oder Geschmacks wahrnehmen. Außerdem werden Ihre Engel die Gültigkeit jeder Botschaft bestätigen, indem sie Ihnen auf der physischen Ebene Zeichen geben. Vielleicht sorgen sie zum Beispiel dafür, dass auf der Straße vor Ihnen ein Auto mit einem Aufkleber fährt, dessen Botschaft speziell für Sie bestimmt zu sein scheint.

Die Kartenbeschreibungen sind verallgemeinerte Interpretationen. Wenn Sie das Gefühl haben, dass eine Karte eine andere Bedeutung für Sie oder Ihren Klienten hat, dann betrachten Sie bitte immer Ihre intuitive Deutung als ausschlaggebend.

## Entfaltung

Bedeutung der Karte: *Dein wahres Selbst – strahlend, mächtig, erfolgreich und klug – leuchtet jetzt hervor. Erlaube deinem wahren Selbst, für andere Menschen sichtbar zu sein, denn damit erfreust du ihr Herz und inspirierst sie.*

Du besitzt so viele großartige Aspekte – und allmählich beginnst du, Vertrauen zu entwickeln und deine wahre Natur mehr und mehr zu zeigen. Möglicherweise gab es eine Zeit, da du geglaubt hast, dass du deine Gefühle vor anderen verbergen musst (und vielleicht sogar vor dir selbst!). Jetzt ist jedoch der Augenblick gekommen zu erkennen, wie lebenswichtig und reizvoll es ist, deinem authentischen Selbst Ausdruck zu verleihen.

Deine Engel leiten dich an, deine wahren Gefühle zu würdigen, indem du sie vor dir selbst und vor anderen ausdrückst. Die Engel werden dir helfen, liebevoll über deine Gefühle zu sprechen, sodass sich keine Missverständnisse mit Freunden oder Familienmitgliedern ergeben. Deine Engel werden dich nie dazu veranlassen, etwas zu sagen oder zu tun, das dich oder einen anderen Menschen verletzen könnte! Zudem werden sie dafür sorgen, dass dein Leben eine neue Tiefe inneren Friedens erreicht, während du dein wahres Selbst an die Oberfläche kommen und spielen lässt.

# Entzücken

Bedeutung der Karte: *Erobere dir dein kindliches Gespür für Wunder und Staunen zurück. Sieh die Welt als einen magischen Ort.*

Erinnerst du dich an deine Kindheit und wie magisch dir damals die Welt erschien? Dieses Gefühl des Entzückens ist der Geist des inneren Kindes. Hast du irgendwann auf dem Weg zum Erwachsenwerden dieses Gespür für das Wunderbare verloren?

Die Engel fordern dich auf, dein magisches Gespür zurückzugewinnen, indem du dich daran erinnerst, dass du von einer magischen Kraft umgeben bist. Bitte Gott und die Engel, dir bei allem zu helfen – gleichgültig, ob es sich um große oder kleine Dinge handelt. Mach dir keine Sorgen – du hältst die Engel nicht von »wichtigeren« Aufgaben ab, wenn du sie um ihre Hilfe bei alltäglichen Situationen bittest. Die Engel haben den tiefen Wunsch, dir zu helfen, auf dass du frei von Ängsten und Sorgen bist. Dann strahlst du die staunende Freude eines Kindes aus, das darauf vertraut, dass für es gesorgt wird. Und wenn du von Freude erfüllt bist, inspiriert dein göttliches Licht jeden, der dir begegnet.

# Erhörtes Gebet

Bedeutung der Karte: *Fürchte dich nicht, geliebtes Kind! Deine Gebete sind vernommen und erhört worden.*

Deine Gebete werden immer erhört, ohne Ausnahme. Vielleicht hast du manchmal nicht das Gefühl, dass dem so ist, weil die Antwort auf unerwartete Weise kommt. Vielleicht verspürst du ein intuitives Gefühl oder eine neue Gelegenheit bietet sich dir – oder ein Buch fällt aus dem Regal. Die Engel beantworten unsere Gebete sehr oft, indem sie uns auf diese alltägliche Weise Ideen oder Informationen zukommen lassen.

Wenn du diese Karte ziehst, fordern die Engel dich auf, besonders aufmerksam zu sein. Achte auf alles, was du hörst, sagst, denkst und fühlst. Achte ganz besonders auf Hilfe, die dir angeboten wird, und nimm diese auch wirklich an. Du verdienst diese Hilfe tatsächlich. Oftmals beauftragt Gott Menschen, als irdische Engel zu fungieren und die Antwort auf deine Gebete zu überbringen.

## Erzengel Michael

Bedeutung der Karte: *Dieser mächtige Erzengel ist in diesem Moment an deiner Seite. Er gibt dir Mut und hilft dir, dich von den Fesseln der Angst zu befreien.*

Durch diese Karte gibt dir der Erzengel Michael seine Gegenwart zu erkennen. Er ist das Symbol für wahren Mut, der seinen Ursprung in dem Wissen hat, dass Gottes Liebe die einzige wirkliche Macht im Himmel und auf Erden ist. Michael lässt dich wissen, dass du inmitten all der Veränderungen in deinem Leben und der Herausforderungen, die diese Veränderungen mit sich bringen, sicher und behütet bist. Gott und die Engel helfen dir, auch in schwierigen Zeiten dir selbst treu zu bleiben.

Gönne dir so oft wie möglich vertrauliche Zwiegespräche mit Michael. Schütte ihm dein Herz aus und erzähle ihm von deinen Sorgen. Halte nichts zurück. Hab keine Angst, dass du ihm zu viel zumutest. Michael ist – wie alle anderen Erzengel auch – in der Lage, gleichzeitig für alle Menschen da zu sein, die seine Hilfe brauchen. Die Begrenzungen von Zeit oder Raum gelten für ihn nicht, daher kann er dir und anderen gleichzeitig helfen.

## Freiheit

Bedeutung der Karte: *Die Engel helfen dir, deine wahren Gedanken und Gefühle frei und liebevoll zum Ausdruck zu bringen.*

Vielleicht fühlst du dich momentan in deinen Lebensbedingungen gefangen. Wenn du diese Karte ziehst, bitten die Engel dich zu erkennen, dass du selbst der einzige Gefängniswärter bist, der jemals in deinem Leben auftauchen wird. Wann immer dir klar wird, dass du die Macht hast, frei zu sein, wird Freiheit die Folge sein. Alles, was du in deinem Leben tust, tust du freiwillig, und du hast jederzeit die Freiheit, eine neue Wahl zu treffen. Selbst Gefangene haben die Freiheit, ihre Gedanken zu bestimmen, und können auf diese Weise unter allen Bedingungen Frieden und Glück empfinden.

Wenn du das nächste Mal einen Satz mit den Worten beginnst: »Ich muss ...«, dann halte sofort inne. Bitte Gott und die Engel, dir Alternativen zu zeigen. Die himmlischen Mächte werden dir dann entweder helfen, die vor dir liegende Aufgabe in einem liebevollen Bewusstsein zu vollenden, sodass du dich nicht gefangen fühlst, oder dich dahin führen, etwas anderes zu tun, das dich mit Freude erfüllt.

# Freundschaft

Bedeutung der Karte: *Es treten Veränderungen in deinen Freundschaften auf Sei in dieser Zeit auf liebevolle Weise ehrlich mit dir selbst und deinen Freunden und lerne die heilende Präsenz eines wahren Freundes zu schätzen.*

Du veränderst dich im Inneren, und dein Leben verändert sich ebenso im Äußeren! Auch deine Beziehungen zu Freunden sind von diesen Veränderungen betroffen. Vielleicht fürchtest du, dass deine alten Freunden deine Interessen nicht mehr teilen. Oder du fragst dich, ob dir neue Freunde begegnen werden, mit denen du enge Verbindungen eingehen kannst.

Veränderungen in Freundschaften sind ganz natürlich, und die Engel fordern dich auf, ihnen deine Beziehungen zu übergeben. Mach dir bewusst, dass Gott und die Engel über dich und deine Freunde wachen. Die himmlischen Mächte werden euch allen während dieser Übergänge liebevoll zur Seite stehen.

Diese Karte gibt außerdem zu erkennen, dass du bereit bist, neue Freundschaften mit Menschen einzugehen, die deine Interessen und Sehnsüchte teilen.

# Fülle

BEDEUTUNG DER KARTE: *Ein neuer Fluss von Unterstützung kommt jetzt auf dich zu. Bitte die Engel, dir zu helfen, Ängste vor Mangel loszulassen, damit du diese vermehrte Fülle genießen kannst.*

Deine Engelsboten kündigen einen Strom der Fülle an, die jetzt auf dich zukommt. Die Quelle aller Fülle ist Gott, und auf irgendeiner Ebene hast du darauf vertraut, dass der Schöpfer deine Bedürfnisse erfüllen würde. Dein Vertrauen, selbst wenn es minimal war, hat die Fülle ausgelöst, die sich jetzt für dich manifestiert.

Behalte dein Vertrauen bei, da es für einen ständigen Fluss materieller, psychologischer, emotionaler, spiritueller und intellektueller Unterstützung sorgen wird. Eine wunderbare Affirmation, um dir zu helfen, im ständigen Strom der Fülle zu bleiben, lautet: »Ich akzeptiere liebevoll alles Gute in meinem Leben. Alle meine Bedürfnisse werden jetzt und immer vollkommen erfüllt.«

# Geistiges Wachstum

Bedeutung der Karte: *Du gehst momentan durch eine Phase raschen geistigen Wachstums. Genieße es!*

Vielleicht empfindest du zurzeit ein Durcheinander verschiedenster Gefühle – Verwirrung, Aufregung, Angst und Staunen. Du genießt deine neu gewonnene Verbindung mit dem Göttlichen und wünschst dir, du könntest von morgens bis abends lesen, lernen oder meditieren! Gleichzeitig machst du dir aber vielleicht Sorgen über die Auswirkungen, die dein spirituelles Wachstum auf den Rest deines Lebens haben könnte. Welche Konsequenzen hat deine neue spirituelle Orientierung für deine Arbeit, deine Ehe, deine Freundschaften? Diese Sorgen machen dir Angst und könnten unter Umständen die Freude untergraben, die dein geistiges Wachstum dir schenkt.

Übergib diese Ängste Gott, geliebtes Wesen! Vertraue darauf, dass du in jedem Augenblick unterstützt, geliebt und geführt wirst. Mach dir keine Sorgen darüber, wie deine Zukunft sich mit deinem geistigen Wachstum verbinden wird! Vertraue darauf, dass dieselbe Macht, die dich auf deinen spirituellen Weg geführt hat, sich auch um alles Weitere in deinem Leben kümmern wird. Schließlich lenkt diese Macht alle Planeten im Universum. Und sie wird auch dir unfehlbar zur Seite stehen.

## Gelassenheit

Bedeutung der Karte: *Vor dir liegt eine Zeit größerer Ruhe und tieferen inneren Friedens.*

Inneren Frieden zu haben bedeutet, sich sicher zu fühlen und zu wissen, dass immer alles zu uns kommt, was wir brauchen. Selbst wenn dein logischer Verstand nicht die geringste Ahnung hat, wie eine Herausforderung gemeistert werden kann, bedeutet innerer Frieden, dass du darauf vertraust, dass Gott eine wundersame Lösung bereitstellen wird. Diese Art des Vertrauens ist immer empfehlenswert, denn Vertrauen ist ein Schlüsselelement im Zustandekommen solcher Wunder.

Wenn du diese Karte ziehst, versichern dir die Engel, dass du inneren Frieden in dir trägst. Du kannst gelassen sein, selbst mitten im größten Tumult. Es wäre ein Fehler zu denken, dass du warten musst, bis alle Probleme gelöst sind, bevor du glücklich und in Frieden leben kannst. In Wahrheit ist das Gegenteil der Fall. Zuerst arbeitest du darauf hin, inneren Frieden zu erlangen, und dann werden die Herausforderungen in deinem Leben immer weniger werden und schließlich ganz verschwinden. Gelassenheit ist dein natürlicher Geisteszustand, und die Engel arbeiten jetzt gemeinsam mit dir daran, diesen Zustand zu verwirklichen.

# Gleichgewicht

Bedeutung der Karte: *Ist dein Terminplan in letzter Zeit einseitig? Sorge dafür, dass deine Zeit zwischen Arbeit, Spiel, Spiritualität, körperlicher Bewegung und zwischenmenschlichen Beziehungen gleichmäßig aufgeteilt ist.*

Die Engel wissen, dass du sehr beschäftigt bist und deine Zeit mit vielen weltlichen Belangen angefüllt ist. Sie wollen dir bei deinen Verantwortlichkeiten helfen, indem sie dich zu einem harmonischen Gleichgewicht führen. Wann immer unsere Termine und Verpflichtungen überhand nehmen, sinkt unser Energieniveau. Energielosigkeit gibt uns das Gefühl, dass der Tag nicht genug Stunden hat, was zu einem Teufelskreis zeitlicher Begrenzungen führt.

Deine Engel bitten dich, deine Tage mit regelmäßigen Perioden von Meditation, Bewegung und Spiel aufzulockern. Die Engel wissen, dass es zu deinem Wachstum und deiner Lebensfreude beiträgt, wenn in deinem Leben ein Gleichgewicht zwischen Arbeit, Spiel, Spiritualität, körperlicher Bewegung und Beziehungen herrscht. Wenn du dich von deinen Verpflichtungen überwältigt fühlst, zögere nicht, Gott und deine Engel zu bitten, deine Last zu erleichtern.

## Göttliche Führung

Bedeutung der Karte: *Vertraue und folge deiner Intuition. Sie ist die Stimme Gottes und der Engel, die zu dir sprechen.*

Du wirst in diesem Moment göttlich geführt. Das Gefühl im Bauch, das innere Wissen, die Visionen oder die innere Stimme – sie alle versuchen, dir etwas zu sagen, und es ist wichtig, dieser inneren Führung zu vertrauen und ihr zu folgen.

Falls du mehr als eine Karte gezogen hast, achte besonders auf die Karten, die rechts und links neben der Karte »Göttliche Führung« liegen, denn sie enthalten wichtige Informationen für dich. Diese Karten stellen Facetten der Botschaft dar, die die Engel dir deutlich machen wollen.

## Göttlicher Zeitplan

BEDEUTUNG DER KARTE: *Achte auf die Türen, die sich jetzt für dich öffnen und schließen. Gehe durch die Türen, die sich öffnen, und lerne von den Türen, die sich schließen.*

Deine Gebete werden erhört – daran solltest du nicht zweifeln. Jedoch geschieht alles nach dem universellen Gesetz des göttlichen Zeitplans. Das bedeutet, dass bestimmte Teile des Ganzen zuerst eintreten müssen, damit sich andere Teile realisieren können. Wenn du versuchst, bestimmte Teile zu überspringen oder vorschnell zu erreichen, wird der gesamten Struktur das sichere Fundament fehlen.

Versuche nicht, gewaltsam Türen zu öffnen, die dir verschlossen erscheinen. Bitte stattdessen deine Engel um Führung, damit du erkennen kannst, ob sich die Tür aufgrund deiner negativen Erwartungen verschlossen hat oder weil dies in Übereinstimmung mit dem göttlichen Zeitplan steht. Suche nach anderen Türen, die sich jetzt öffnen, und durchschreite diese voll Vertrauen und Dankbarkeit.

# Harmonie

Bedeutung der Karte: *Ein Konflikt in einer Situation, die dich belastet hat, ist gelöst. Wisse, dass du diesen Frieden und dieses Glück verdienst, und akzeptiere beides voll Dankbarkeit.*

Geliebtes Kind Gottes, in deinem Herzen bist du ein friedliebender Mensch. Diese Karte kommt zu dir als Zeichen der neuen Harmonie, die auf dich zukommt. Betrachte die Situation nicht länger als belastend und störend und sieh dich selbst und die anderen durch die Augen deiner Schutzengel. Auf diese Weise wirst du den Kern unterhalb der Oberfläche erblicken und die Schönheit und das Licht sehen, das immer in jedem Menschen leuchtet.

Indem du deine Sichtweise auf die himmlische Perspektive verlagerst, wirst du zu einem Engel auf Erden. Die Sicht aus einer höheren Perspektive wird in all deinen Beziehungen wundersame Heilungen auslösen. Konflikte lösen sich auf und enthüllen die reine und neue Wahrheit über alles und jeden.

# Heilung

Bedeutung der Karte: *Eine Situation, die dir große Sorgen bereitet hat, ist auf dem Wege der Besserung. Du bist von Natur aus ein Heiler und deine heilenden Gedanken haben sich physisch manifestiert.*

Zuweilen kann eine Situation erst dann heilen, wenn du das Problem vollständig losgelassen hast – damit heilendes Licht sie erfüllen kann. Deine Sorgen werden bald vorbei sein, denn diese Karte zeigt an, dass eine Heilung eingetreten ist. Um diese Heilung jedoch zu erkennen, musst du zunächst aufhören, dich auf das zu konzentrieren, was »falsch« ist, und stattdessen affirmieren: »Alles befindet sich in diesem Moment in göttlicher und perfekter Ordnung.«

Du hast natürliche Heilungsfähigkeiten, und diese Karte fordert dich auf, darauf zu vertrauen, dass du als heilender Engel Gottes auf Erden tätig bist und Er durch dich wirkt. Erfülle jede Situation in deiner Umgebung, die der Heilung bedarf, mit Gedanken der Liebe. Visualisiere die Situation in diesem Moment als geheilt. Dann danke Gott für diese Heilung und übergib alles vollständig den Engeln. Die machtvollen Auswirkungen deiner Heilarbeit berühren das Leben vieler Menschen.

# Inspiration

Bedeutung der Karte: *Achte auf neue Gedanken und Ideen, die zu dir kommen. Sie sind Samen für wunderbare Schöpfungen, die du mit göttlicher Hilfe realisieren kannst.*

Gott spricht zu dir durch deine Gedanken, und mit dieser Karte zeigen dir die Engel ihren Wunsch, dass du die Ideen, die du in letzter Zeit empfangen hast, wahrnimmst und weiterverfolgst. Diese Ideen und Gedanken sind Antworten auf deine Gebete um Führung, daher tue sie nicht als reine Phantasiegebilde ab.

Durch diese Karte möchten die Engel dir das Vertrauen schenken, dass du genauso wie jedes andere Kind Gottes in der Lage bist, wunderbare Ideen zu empfangen. Denn schließlich entspringen alle wunderbaren Ideen dem einen himmlischen Geist Gottes. Und da Gott allgegenwärtig ist, lebt er auch in deinem Inneren. Daher bringt der Geist Gottes auch in deinem Geist unaufhörlich neue Gedanken und Ideen zum Ausdruck!

# Intention

Bedeutung der Karte: *Deine Intentionen bestimmen deine Erfahrungen. Was soll deinen Wünschen nach geschehen? Sorge dafür, dass deine Gedanken und Gefühle deinen wahren Absichten entsprechen.*

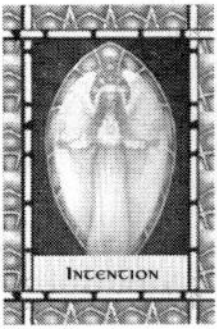


Durch diese Karte bitten dich deine Engel, eine Inventur deiner Erwartungen vorzunehmen. Welche Ereignisse und Erfahrungen erwartest du heute, morgen oder für die Zukunft? Diese Erwartungen sind die Samen deiner Intentionen. Eine Intention zu haben bedeutet, dass du dir ein Ziel gesetzt hast und beabsichtigst, es zu erreichen.
Deine Intentionen bestimmen deine Erfahrungen. Die Engel bitten dich, deine Intentionen mit Liebe zu wählen und sie mit Liebe zu erfüllen. Sieh dich selbst und andere Menschen als glücklich, erfolgreich und zufrieden. Durch solche spirituell orientierten Vorstellungen unterstützt du dich selbst und andere. Die Engel können dir helfen, negative mentale Bilder durch Kraft spendende, positive Gedanken zu ersetzen, wenn du sie um ihre Unterstützung bittest.

# Kinder

Bedeutung der Karte: *Du wirst aufgefordert, jetzt deinen Kindern oder deinem eigenen inneren Kind mehr Aufmerksamkeit zu schenken. Es besteht die Möglichkeit, dass bald neue Kinder in dein Leben kommen.*

Diese Karte zeigt an, dass die Engel dein Bedürfnis sehen, zu spielen, Spaß zu haben und dein inneres Kind zu würdigen. Vielleicht solltest du öfter mit deinen eigenen Kindern oder Enkelkindern spielen. Oder du könntest es genießen, mit einem anderen Erwachsenen Spaß zu haben, oder dich einer Arbeit zuwenden, bei der es darum geht, Kindern zu helfen.

Nimm dir ein wenig Zeit, um dein inneres Kind zu fragen: »Wie fühlst du dich?« und »Was würdest du gerne tun?« Halte dir einen Nachmittag frei, an dem du mit deinem inneren Kind einen Ausflug machst und Dinge tust, die es deiner spielerischen Seite erlauben, an die Oberfläche zu kommen. Geh in den Park und schaukle oder spiele mit den Geräten auf dem Kinderspielplatz. Gönne dir ein Nachmittagsschläfchen. Nimm Kreide und male auf dem Bürgersteig. Oder geh an den Strand und baue eine Sandburg.

# Kommunikation

Bedeutung der Karte: *Du befindest dich in Kommunikation mit deinen Engeln, und die Botschaften, die du empfängst, sind absolut real. Vertraue ihnen.*

Diese Karte ist ein Beweis deiner Engel, dass du sie wirklich hörst. Du hast wiederholt Botschaften erhalten durch Gefühle, Träume, Visionen, innere Stimmen oder ein Gefühl des Wissens. Hörst du auf diese Botschaften und vertraust du ihnen? Folgst du ihnen?
Wenn du den Impuls verspürst, jemanden anzurufen, irgendwo hinzugehen oder etwas Bestimmtes zu lesen, dann ist es wichtig, dieser inneren Führung zu folgen. Durch diese Karte bitten dich deine Engel, ihnen all deine Zweifel oder Sorgen bezüglich göttlicher Führung zu übergeben. Wisse, dass du wirklich und wahrhaftig mit den himmlischen Mächten kommunizierst, und genieße diese inneren Gespräche!

## Konzentration

Bedeutung der Karte: *Denke darüber nach, was du willst. Achte sorgfältig auf deine Gedanken, denn sie erschaffen deine Erfahrungen.*

Zuweilen hat es den Anschein, dass unsere Gedanken uns wählen, doch in Wahrheit ist dies niemals der Fall. Wir wählen unsere Gedanken immer selbst – in jedem Moment. Unsere Gedanken haben stets eine Wirkung – neutrale Gedanken gibt es nicht. Eine halbe Sekunde, bevor du einen Gedanken festhältst, entscheidest du, ihn festzuhalten. Das heißt, dass du durch Übung lernen kannst, deine Gedanken laufend zu überwachen und zu verändern. Dies bedeutet, das Steuerrad deines Lebens in die eigenen Hände zu nehmen.

Vielleicht glaubst du, dass deine Konzentrationsfähigkeit gestört ist, doch lebt in deinem Inneren der unfehlbare Geist Gottes. Du kannst beachtliche Meisterleistungen der Konzentration erreichen, indem du affirmierst: »Ich bin jetzt in der Lage, meinen Geist bewusst zu fokussieren. Ich hege nur liebevolle Gedanken, und meine Engel unterstützen mich darin, einen ständigen Strom liebevoller Gedanken zu erschaffen.«

# Körperbewusstsein

Bedeutung der Karte: *Die Engel bitten dich, dem Wohlergehen deines physischen Körpers mehr Aufmerksamkeit zu schenken. Du wirst gebeten, gesunde Kost zu essen, dich regelmäßig körperlich zu betätigen und Giftstoffe wie Nikotin und Alkohol zu meiden.*

Mit dieser Karte bitten dich die Engel, verstärkt auf die Bedürfnisse deines physischen Körpers zu achten. Vielleicht widersetzt du dich dieser himmlischen Führung, und die Engel sind schon verschiedentlich mit diesem Thema an dich herangetreten. Sie erinnern dich daran, dass der Körper wie ein Instrument ist, das eine größere Harmonie ausstrahlt, wenn es gut gestimmt ist. Dein Geist ist der Musik eines Flügels vergleichbar, und die Engel bitten dich, diesen Flügel in gutem Zustand zu halten.

Deine Engel wissen, dass du dich wunderbar fühlen wirst, wenn du dieser Bitte folgst. Mehr Energie und Glück sind die Belohnung dafür, dass du den Anweisungen der Engel nachgekommen bist. Sie werden dir helfen, die Zeit und Motivation zu finden, dich regelmäßig körperlich zu betätigen. Sie werden dir auch helfen, dein Verlangen nach schädlichen Substanzen aufzugeben. Und die Engel werden dir behilflich sein, die neu entdeckten Freuden zu genießen, die daher rühren, dass du deinen Körper reinigst und pflegst.

## Lernen

Bedeutung der Karte: *Du bist momentan mit Lernen und Studieren beschäftigt. Deine Engel leiten dich an, dir Zeit zum Lesen, Hinhören und Wachsen zu nehmen.*

Diese Karte ist der Beweis dafür, dass dies eine wichtige Zeit für dich ist, um neue Ideen oder Fertigkeiten zu lernen. Vielleicht fühlst du in dir den Wunsch, an einem Lehrgang oder Kurs teilzunehmen, und diese Karte bestätigt dein Gefühl. Wenn du bereits eine Schule besuchst oder in einer Ausbildung begriffen bist, bitten dich die Engel, dabeizubleiben.

Wenn wir uns in einer Lernphase unseres Lebens befinden, können wir es manchmal kaum erwarten, unser neu erworbenes Wissen auszuprobieren. Anstatt weiterzulernen, wollen wir das, was wir bereits gelernt haben, anwenden. Der richtige Zeitpunkt ist dabei jedoch von größter Wichtigkeit, und diese Karte fordert dich auf, dich nicht in vorschnelle Aktivitäten zu stürzen. Genieße stattdessen den Prozess des Lernens. Das Wachstum, das mit einer Lernerfahrung einhergeht, kann sehr angenehm sein, wenn wir uns daran erinnern, uns auf das Hier und Jetzt zu konzentrieren.

# Loslassen

BEDEUTUNG DER KARTE: *Lass los und erlaube den Engeln, dir zu helfen. Alles, was du loslässt, wird entweder durch etwas Besseres ersetzt oder wird geheilt zu dir zurückkehren.*

Wenn du eisern an einem Teil deines Lebens festhältst, der nicht mehr funktioniert, kann kein Raum für Heilung entstehen. Ob du nun in deinem Liebesleben unglücklich bist oder im Bereich von Finanzen, Karriere, Heim oder Gesundheit – diese Karte fordert dich auf, loszulassen. Wenn du an diesen Aspekten deines Lebens festhältst, weil du dich zum Beispiel angstvoll fragst: »Was ist, wenn ich niemand anderen oder nichts Besseres finden kann?«, dann wird sich die Situation nur weiter verschlimmern.

Wenn du jedoch bereit bist, die Hände zu öffnen und die Problematik loszulassen, wird eine von zwei Möglichkeiten eintreten: Entweder wird das Problem verschwinden und durch etwas Besseres ersetzt oder es wird auf wunderbare Weise zu einer Heilung kommen. Wenn du diese Karte ziehst, wirst du von den Engeln gebeten, nicht zu versuchen, das Resultat der störenden Situation zu kontrollieren. Lass los und lass zu, dass Gott dir hilft!

# Macht

Bedeutung der Karte: *Du gestattest dir jetzt, deine Macht auszudrücken. Mächtig zu sein beinhaltet keine Gefahr für dich, da du weißt, dass du deine Macht mit Liebe zum Ausdruck bringst.*

Du hast alle Macht des Schöpfers in deinem Inneren! Alle Macht göttlicher Liebe, Weisheit und Intelligenz steht dir zur Verfügung. Du hast die spirituelle Kraft, Engel wahrzunehmen und die Zukunft zu sehen. Du hast die intellektuelle Kraft, die universelle Weisheit des einen allumfassenden Geistes anzuzapfen. Du hast die emotionale Kraft, Mitgefühl mit anderen zu haben, und deine physische Kraft ist wahrhaft unbegrenzt.

Die Engel bitten dich, ihnen alle Ängste zu überlassen, die du vielleicht in Verbindung damit hast, ein mächtiger Mensch zu sein. Deine Engel sehen einen ruhigen und wunderbaren Aspekt deiner wahren Kraft, die auf der einzigen Kraft im Universum beruht: göttliche Liebe. Erlaube dir selbst, von dieser leuchtenden Liebe erfüllt zu sein, damit du sie auf wunderbare Weise in die Welt hinausstrahlen kannst.

# Manifestation

Bedeutung der Karte: *Neue Möglichkeiten, Gelegenheiten und Fülle eröffnen sich dir. Mache dir bewusst, dass du all diese Geschenke in diesem Moment erfahren kannst!*

Die von dir erhofften Ziele sind dabei, sich zu verwirklichen. Vielleicht werden sie sich auf eine andere Weise manifestieren, als du es erwartet hast, doch werden die Belohnungen, die du dir so sehnlichst wünschst – wie zum Beispiel Gefühle von Frieden, Sicherheit und Glück –, genauso eintreten, wie du sie erbeten hast. Bitte deine Engel, dir zu helfen, Vertrauen in deine Fähigkeit zu haben, Dinge und Ereignisse zu manifestieren. In diesem Vertrauen kannst du gemeinsam mit Gott alles erreichen!

Dies ist ein Prozess, in dessen Verlauf sich alle Gedanken in greifbare Form verwandeln: Zunächst beginnen sie als eine Idee, geboren aus der einen göttlichen Quelle. Dann ruft die Idee ein Gefühl hervor. Falls das Gefühl liebevoll und nährend ist, erschaffen die Idee und das Gefühl gemeinsam den Embryo der Manifestation. Du nährst deine neugeborene Idee, indem du an sie glaubst und der schrittweisen Anleitung folgst, die Gott und die Engel dir durch Gefühle, Träume und Visionen geben.

# Meditation

Bedeutung der Karte: *Zum gegenwärtigen Zeitpunkt ist Meditation sehr wichtig für dich. Mache dir die Freude und meditiere häufig.*

Einem ruhigen Geist fällt es wesentlich leichter, die Stimmen der Engel zu hören. Mit dieser Karte bitten dich deine Engel, deinen Geist still werden zu lassen, damit deine Kommunikation mit den Engeln laut und deutlich wird.

Wenn du morgens aufwachst, halte deine Augen noch mindestens fünf Minuten lang geschlossen und atme drei- oder viermal tief ein und aus. Stelle deinen Engeln eine Frage und höre dann so aufmerksam zu, als würdest du einem lieben Freund lauschen. Strenge dich dabei nicht an, denn wenn du nach der Antwort jagst, wird sie sich dir entziehen. Atme stattdessen weiterhin tief ein und aus und gestatte dir, dich völlig zu entspannen. Sage dir selbst, dass es ganz natürlich ist, himmlische Botschaften zu empfangen, und dass es sich dabei tatsächlich um eine alltägliche Begebenheit handelt. Je mehr du deinen Geist entspannst, desto leichter wird es dir fallen, die Antwort zu hören.

# Musik

Bedeutung der Karte: *Die Engel ermuntern dich, in wunderschöne Musik einzutauchen. Musik erhebt deine Seele über alle erdgebundenen Sorgen und öffnet deine Gedanken für die göttliche Liebe.*

Du hast Engel an deiner Seite, die dir durch die heilenden Eigenschaften der Musik helfen wollen. Wenn du diese Karte ziehst, bitten dich die Engel, mehr Musik in dein Leben zu lassen. Sie leiten dich an, harmonische Musik aufzulegen, während du dich anziehst, arbeitest oder entspannst. Außerdem fordern sie dich auf, häufig zu singen oder zu pfeifen.

Vielleicht hast du diese Karte auch aufgrund deiner eigenen musikalischen Talente gezogen. Hast du in letzter Zeit den Impuls verspürt, ein Lied zu komponieren, an einer musikalischen Aufführung teilzunehmen, einem Chor oder einer Band beizutreten oder ein Instrument zu spielen? Es ist durchaus möglich, dass diese inneren Anstöße von deinen Engeln ausgehen, die deine gottgegebenen Fähigkeiten sehen können. Sie wissen, dass deine musikalischen Talente anderen Menschen helfen werden. Also bitten sie dich, ein irdischer Engel zu sein, indem du dein Talent für Lieder und Melodien zum Ausdruck bringst.

# Natur

Bedeutung der Karte: *Es ist momentan wichtig für dich, Zeit allein in der Natur zu verbringen. Selbst fünf Minuten in einem Garten sind für dich jetzt heilsam.*

Durch diese Karte bitten dich die Engel, öfter mit der Natur in Kontakt zu treten, möglichst jeden Tag. Diese Karte weist auch darauf hin, dass du vielleicht in einer ländlichen Umgébung glücklicher wärst. Falls du schon einmal darüber nachgedacht hast, aus der Stadt aufs Land zu ziehen, betrachte diese Karte als zusätzliche Bestätigung. Zudem will sie dich unter Umständen dazu ermutigen, dir eine Beschäftigung zu suchen, die etwas mit Pflanzen oder Tieren zu tun hat. Zum Beispiel macht es dir vielleicht Spaß, zu gärtnern, in einer Baumschule oder bei einem Tierarzt zu arbeiten, Haustiere zu versorgen oder in die Kommunikation mit Tieren einzutauchen.

Deine Engel und die Naturengel wollen dir helfen, deine Talente zu entdecken und sie der Welt zuteil werden zu lassen. Hilf ihnen, dir zu helfen, indem du mehr Zeit in der Natur verbringst.

# Neubeginn

Bedeutung der Karte: *Dir wird jetzt ein neuer Anfang ermöglicht. Es begegnen dir viele wunderbare Möglichkeiten und neue Erfahrungen.*

Heiße das Neue in deinem Leben willkommen, einschließlich neuer Möglichkeiten, Menschen und Projekte. Die Engel wissen, dass Veränderungen beängstigend sein können, und sie umgeben dich jetzt mit liebevoller Energie. Wende dich an sie, wann immer du Angst hast oder dich in einer neuen, ungewohnten Situation befindest. Die Engel werden dein Selbstvertrauen und deine Kraft stärken, damit du diesen Neubeginn genießen kannst, was immer es sein mag.

Manchmal klammern wir uns an alte Gewohnheiten, weil sie uns vertraut sind. Durch diese Karte bitten dich die Engel, offen zu sein für eine neue Herangehensweise ans Leben. Vielleicht werden dir die himmlischen Mächte zeigen, wie du deine Situation mit neuen Augen betrachten kannst. Oder sie werden sich mit dir in Verbindung setzen, damit du eine neue Fertigkeit erlernst. Was immer der Neubeginn für dich bedeutet, erlaube dir, dich den neuen, ungewohnten Umständen zu öffnen und dein Herz weiter werden zu lassen. Durch neue Erfahrungen lernen wir uns selbst immer besser kennen.

# Neue Liebe

Bedeutung der Karte: *Es beginnt ein neues Kapitel in deinem Liebesleben. Dabei kann es sich um einen neuen Partner handeln oder um neu entfachte Liebe in einer bereits bestehenden Beziehung.*

Öffne dein Herz dem Zustrom göttlicher Liebe durch einen Partner. Die Engel bitten dich, auf Menschen zu achten, die in dein Leben kommen, da ein neuer Partner ganz anders sein kann als deine früheren Partner. Sei offen für Veränderungen in deinen bestehenden Beziehungen und klammere dich nicht zu sehr an Vorstellungen, wie Beziehungen sein sollten. Dies ist eine Zeit wundersamer Veränderungen in deinem Liebesleben, und du bist aufgefordert, darauf zu vertrauen, dass Gott und deine Schutzengel alles im Sinne deines höchsten Wohls arrangieren werden.

Veränderungen in deinem Liebesleben werden nur dann schmerzhaft sein, wenn du in deinen Gedanken oder deinem Verhalten starr und unbeweglich bist. Wenn du mit dem Strom der Liebe fließt, wirst du feststellen, dass alte Teile deines Liebeslebens weggeschwemmt und umgehend von neuen Aspekten ersetzt werden, die dich in Entzücken versetzen. Vielleicht enden gegenwärtige Beziehungen oder sie dienen als Übergang in eine neue Phase der Leidenschaft und wiedergefundener Liebe. Oder vielleicht kommt ein neuer Partner in dein Leben.

# Romantik

Bedeutung der Karte: *Die Engel helfen dir, deine Bedürfnisse nach einem Liebespartner zu erfüllen. Bitte um die Hilfe der Engel in deinem Liebesleben und nimm diese Hilfe an.*

Diese Karte zeigt an, dass deine Engel deine Bitte nach einer romantischen Begegnung gehört haben. Sie erkennen die Sehnsucht deines Herzens nach Liebe an. Sie haben deinen Ruf erhalten und antworten auf dein Ersuchen.

Du kannst jetzt zusammen mit den Engeln daran arbeiten, die Liebesbeziehung zu manifestieren, die du suchst. Die Engel werden dich auf besondere Weise führen, um sicherzugehen, dass dein Wunsch in Erfüllung geht. Zum Beispiel wirst du unter Umständen einen starken Drang verspüren, an einen bestimmten Ort zu reisen, und dort angekommen, wirst du vielleicht einen wunderbaren Partner finden. Die himmlische Führung wird dich vielleicht auffordern, dich zu verändern und neue Gewohnheiten aufzugreifen, wie regelmäßiges Fitnesstraining, Umstellung auf gesündere Kost oder Besuch von Selbsthilfeseminaren. Folge diesen Anleitungen, und du wirst die romantische Beziehung finden, nach der du dich sehnst.

## Rückzug

Bedeutung der Karte: *Nimm dir Zeit zum Alleinsein und zur Kontemplation. Kläre deinen Kopf und konzentriere dich auf deine Wahrheit und deine Prioritäten.*

Treibst du dich selbst zu sehr an, geliebtes Kind Gottes, und machst dir dadurch das Leben schwer? Die Engel erinnern dich daran, dass Zeiten der Ruhe bei allen Lebewesen Teil des natürlichen Zyklus sind. Denke nur an die mächtige Eiche, die in Schüben wächst und sich dann ausruht. Sie zieht ihre Nahrung aus der Tiefe der Erde und nimmt sich Zeit, bevor sie weiter nach oben wächst. So wie für die Eiche ist es auch für dich wichtig, dass du dich mit spiritueller und emotionaler »Nahrung« stärkst.

Während du dich ausruhst, nimm dir Zeit, über die wahren Gefühle und Wünsche deines Herzens nachzudenken. Deine Engel sprechen durch dein Herz zu dir, und wenn du hinhörst und deine Gefühle würdigst, schreitest du Hand in Hand mit Gott und den Engeln voran. Du wirst wissen, dass es sich um wahre göttliche Führung handelt und nicht um Einbildung oder Wunschdenken, wenn die Stimme der Engel von deinem Wunsch spricht, zum Ganzen der Welt beizutragen.

# Schutzengel

Bedeutung der Karte: *Deine Schutzengel möchten dich wissen lassen, wie sehr du geliebt wirst. Die Liebe deiner Engel ist bedingungslos und allumfassend.*

Du bist nicht allein. Du hast diese Karte gezogen als Liebesbrief deiner Schutzengel, die dich wissen lassen wollen: »Wir sind bei dir. Wir haben dich nie verlassen und können dich niemals verlassen.«

Deine Schutzengel sagen dir, dass du ihre Hilfe und Aufmerksamkeit verdienst. Es gibt nichts, was du jemals gedacht, gesagt oder getan haben könntest, was deine göttlichen Helfer veranlassen würde, dich zu ächten. Sie verurteilen und verlassen dich nie für die Fehler, die du machst. Die Engel sind hier, um dich zu unterstützen und dir zur Seite zu stehen, damit du geistig wachsen und anderen Menschen helfen kannst.

## Seelengefährte

Bedeutung der Karte: *Dein Gebet um eine Beziehung mit einem Seelengefährten ist erhört worden. Folge der Führung, die du erhältst, damit du dieses Geschenk göttlicher Liebe genießen kannst.*

Dein Herz sehnt sich nach einer großen Liebe. Da du dich auf dem spirituellen Weg befindest, wünschst du dir einen Gefährten mit einer ähnlichen Lebensphilosophie und ähnlichen Interessen. Bist du bereit, große Leidenschaft und spirituelle Partnerschaft mit ein und demselben Menschen zu erleben? Diese Karte bestätigt, dass deine Antwort »Ja!« lautet. Durch diese Karte bitten dich deine Engel, ihrer Führung zu vertrauen und ihr zu folgen. Deine Engel haben deine Gebete um eine große Liebe gehört und leiten dich an, Schritte zu unternehmen, um diesen Wunsch Wahrheit werden zu lassen. Wenn du dich gegenwärtig in einer Beziehung befindest, bitten dich deine Engel, ihnen diese Beziehung zu übergeben. Auf diese Weise können sie helfen, deine bestehende Partnerschaft auf die Stufe einer Seelenverbindung zu erheben, oder dir helfen, sie sanft zu beenden, damit deine neue Liebe erscheinen kann. In jedem Fall werden die Engel dir beistehen und dir deutliche Schritte aufzeigen, die du vornehmen kannst, um diese tiefe Sehnsucht deines Herzens zu erfüllen.

## Segnungen

Bedeutung der Karte: *Gott und die Engel helfen dir in diesem Moment. Bitte sie weiterhin um ihre Hilfe und nimm diese Hilfe an, wenn sie kommt (und sie kommt immer).*

Die Engel möchten dich wissen lassen, dass du zurzeit besondere Segnungen empfängst. Vielleicht warst du vor kurzem mit bestimmten Herausforderungen konfrontiert oder bittest jetzt im Moment um besondere Hilfe. In jedem Fall umgeben dich die Engel nun mit mehr göttlicher Liebe als jemals zuvor. Zusätzliche Engelscharen sind herbeigeeilt, um dir mehr Liebe und Licht zuteil werden zu lassen.

Manchmal hast du vielleicht das Gefühl, als hätten Gott und die Engel dich verlassen. Diese Karte möchte dich daran erinnern, dass die himmlischen Mächte nicht verschwunden sind und dass sie dich niemals verlassen können. Es ist nur unsere Angst, die uns blind und taub macht für die Gegenwart unserer Engel. Doch deine Engel können deine Ängste von dir nehmen, wenn du sie darum bittest und es ihnen gestattest. Du bist wahrhaft gesegnet und wirst zutiefst von Gott und den Engeln geliebt.

# Selbstliebe

Bedeutung der Karte: *Du bist ein perfektes Kind Gottes und jeder Aspekt deines Wesens ist wunderbar. Deine Engel leiten dich an, negative Urteile über dich selbst loszulassen und dich daran zu erfreuen, dass du so bist, wie du bist!*

»Du bist viel zu hart mit dir selbst«, sagen dir deine Engel mit dieser Karte. Obwohl du es genießt, hohe Ansprüche an dich selbst zu stellen, ist es wichtig, dass du dich mit den Augen der Liebe betrachtest. Dich selbst niederzumachen führt nur dazu, dass deine Seele traurig wird. Selbstverwirklichung beginnt mit einer positiven Geisteshaltung.

Sieh dich selbst mit den Augen deiner Engel, und du wirst einen Menschen sehen, der ein makelloses und heiliges Kind Gottes ist. Wenngleich du in der Vergangenheit Fehler gemacht hast, gibt es nichts, was du jemals gesagt, gedacht oder getan haben könntest, was die Liebe Gottes für dich aufheben könnte. Die Engel sehen tiefer als deine oberflächlichen Fehler; sie sehen das schlagende Herz der göttlichen Liebe in deiner Seele. Sie lieben dich bedingungslos und bitten dich, dich selbst auf die gleiche Weise zu lieben!

# Träume

Bedeutung der Karte: *Achte in dieser Zeit verstärkt auf deine Träume. Lege dir ein Traumtagebuch zu.*

Du erhältst wichtige Botschaften durch deine Träume. Zuweilen wachst du vielleicht mit dem Gefühl auf, dass du während des Schlafes gereist bist oder Anweisungen erhalten hast. Möglicherweise fragst du dich, warum du dich nicht an deine Träume erinnern kannst. Doch die Botschaften und Erlebnisse in deinen Träumen sind nie wirklich verloren oder vergessen. Stattdessen werden sie in dein Unterbewusstsein integriert, damit die Weisheit und Liebe deines Höheren Selbst deine Handlungen steuern kann.

Du kannst dich leichter an deine Träume erinnern, wenn du gleich nach dem Aufwachen alles, woran du dich erinnerst, aufschreibst. Halte einfach alles fest, was dir einfällt, und der Rest des Traumes wird sich deiner Erinnerung enthüllen. Lies dein Traumtagebuch häufig durch und achte auf sich wiederholende Muster und Themen. Diese immer wiederkehrenden Traumthemen enthalten Botschaften, die dein Höheres Selbst und die Engel dir nahe zu bringen versuchen.

## Unterstützung

Bedeutung der Karte: *Gott, die Engel und die aufgestiegenen Meister, die dich lieben, schützen und führen, wachen in diesem Moment über dich. Du bist nicht allein und du bist in Sicherheit!*

Diese Karte versichert dir, dass du Teil einer Ehrfurcht gebietenden und mächtigen Gruppe wohlwollender Wesen bist. Sie umgeben, führen und lieben dich ohne Unterlass. Wenn du in Gefahr bist, werden sie durch Warnungen oder rettende Aktionen eingreifen. Wenn du von Angst erfüllt bist, werden sie dich mit der Kraft göttlicher Liebe trösten. Wenn du verwirrt bist, werden sie dir ihre Führung ins Ohr flüstern.

Wenn du diese Karte ziehst, bitten dich deine Engel und Führer, öfter mit ihnen zu sprechen. Kommuniziere mental mit ihnen über alles, was dich bewegt, und es wird nicht lange dauern, bis du Beweise ihrer Existenz erhältst. Bald werden die Engel dich damit beauftragen, anderen Menschen zu helfen. Falls du jemals Zweifel an deiner Fähigkeit hast, anderen zu helfen, bitte die Engel um ihre Unterstützung, damit du diese Ängste loslassen kannst.

## Vergebung

Bedeutung der Karte: *Lass alle Wut und Verbitterung los und spüre, dass du geheilt bist. Um Frieden zu finden, musst du nicht die Tat gutheißen, aber du musst dem anderen Menschen vergeben.*

Wenn du diese Karte ziehst, leiten deine Engel dich an, Wut und Ärger loszulassen. Sie wissen, dass deine Gefühle völlig gerechtfertigt sein mögen. Doch bitten sie dich zu erkennen, welch hohen Preis du dafür zahlst, dass du so viel alten Zorn mit dir herumträgst.

Vergebung bedeutet nicht: »Ich bin einverstanden mit dem, was du getan hast.« Es bedeutet lediglich: »Ich bin nicht länger bereit, aufgrund deiner Taten Schmerzen zu erleiden.« Wenn wir nicht bereit sind zu vergeben und unser Herz von Bitterkeit erfüllt ist, bestrafen wir letzten Endes nur uns selbst. Deine Engel werden dir helfen, die Unfähigkeit zur Vergebung loszulassen, wenn du sie um ihre Hilfe bittest.

# Verspieltheit

Bedeutung der Karte: *Spaß und Spiel sind etwas, was die Engel lieben! Sie leiten dich an, dein Leben mit einer guten Dosis Spaß und Freude zu bereichern und zu wissen, dass Vergnügen kein Luxus ist, sondern eine Notwendigkeit.*

Die Engel wissen, dass du eine Menge Verantwortung hast und einen kontinuierlichen Strom von Zeit, Geld und anderen Ressourcen benötigst. Durch diese Karte wollen die Engel dich wissen lassen, dass regelmäßige Dosen von Spaß und Vergnügen dir helfen können, deine Ziele zu erreichen. Vielleicht widersprichst du und sagst, dass du nicht genug Zeit, Geld oder Energie hast, um zu spielen. Doch deine Engel versichern dir, dass Verspieltheit eine wunderbare Investition ist, die sofort Gewinn bringt. Wenn du Spaß hast und lachst, entspannst du dich. Diese Entspannung führt zu mehr Ideen, spirituellen Verbindungen, göttlicher Führung und Energie. Mit den neuen Inspirationen und der zusätzlichen Energie kannst du deine Wünsche wesentlich besser manifestieren. Deine entspannte und strahlende Persönlichkeit zieht wunderbare und hilfreiche Personen an. Deine positive Einstellung kreiert neue Chancen für dich. Wenn du das Leben auf diese Weise betrachtest, kannst du es dir eigentlich gar nicht leisten, keinen Spaß zu haben!

# Vertrauen

Bedeutung der Karte: *Glaube an dich selbst. Und vertraue darauf, dass Gott und die Engel bei dir sind. Bitte sie um ihre Hilfe, die Ängste loszulassen, die dich davon abhalten, voller Vertrauen zu leben und diesen Zustand zu genießen.*

Deine Engel wissen, dass du in der Vergangenheit enttäuscht worden bist. Diese Erfahrungen mögen dazu geführt haben, dass dein Vertrauen in dich selbst, in andere Menschen oder sogar in Gott untergraben worden ist. Die Engel erinnern dich jedoch daran, wie wichtig es ist, an deinem Glauben festzuhalten und das Vertrauen nicht aufzugeben.

Durch das Ziehen dieser Karte betonen die Engel den Wert des Vertrauens in dein eigenes Selbst. Sie wissen, dass du, wie jeder andere auch, in der Vergangenheit Fehler gemacht hast. Diese Fehler haben jedoch deine wahre Natur nicht untergraben. Die Allgegenwart Gottes lebt nach wie vor in deinem Inneren, und Gott ist unfehlbar. Die Engel bitten dich, Gott und ihnen zu vertrauen. Sie werden dir helfen, dein Vertrauen in dich selbst wiederzufinden.

## Wahrheit und Integrität

Bedeutung der Karte: *Du wirst angeleitet, ehrlich mit dir selbst zu sein und deinem wahren Wesen bei allen Aktivitäten und Taten treu zu bleiben.*

Die Engel sagen dir: »Lass alles los, was nicht authentisch ist, und alle Aktivitäten, die nicht deine höchsten Intentionen für dich selbst widerspiegeln.« Falls irgendetwas in deinem Leben nicht funktioniert, sei bereit, es Gott und den Engeln zu überlassen.

Wenn wir unsere Hände öffnen und negative Situationen loslassen, kann das göttliche Licht hereinströmen. Wunder folgen immer dann, wenn wir störende Umstände den himmlischen Kräften übergeben. Du wirst feststellen, dass deine Arbeitssituation, deine Beziehung, gesundheitliche Probleme oder andere schwierige Umstände auf eine Art und Weise heilen werden, die du dir nie hättest vorstellen können. Die Engel werden dich während dieser ganzen Zeit unfehlbar zu Dingen anleiten, die dir entweder helfen, die Situation durch eine bessere zu ersetzen oder sie auf der ganzen Linie zu heilen. Erwarte ein Wunder, wenn du beschließt, »ehrlich mit dir selbst« zu sein.

# Wunder

Bedeutung der Karte: *Wunder geschehen zurzeit überall in deiner Umgebung. Fange an, sie zu erkennen, und du wirst noch mehr Wunder erleben.*

Mit dieser Karte fordern die Engel dich auf, ein Wunder zu erwarten. Vielleicht hast du das Gefühl, dass du in diesem Augenblick ein Wunder brauchst, da du keine andere Lösungsmöglichkeit siehst. Sei offen und erlaube den himmlischen Mächten, dir bei der Lösung deiner Probleme auf eine Weise zu helfen, die dich überraschen wird. Du öffnest Wundern die Tür, wenn du bereit bist, deine Ängste Gott zu übergeben. Visualisiere die Engel, wie sie das Problem entgegennehmen, und spüre, wie du von Gottes Weisheit und Kreativität getragen wirst. Während du dich entspannst und dich der Quelle allen Seins hingibst, kannst du sicher sein, dass dich in diesem Moment mannigfache Segnungen umgeben. Sei offen für ein Wunder, das deines Weges kommt.

# Zeichen

Bedeutung der Karte: *Achte sorgfältig auf die Botschaften, die die Engel dir in diesem Moment zukommen lassen. Du hast um ein Zeichen gebeten, und sie schicken es dir. Achte auf diese Zeichen und vertraue ihnen.*

Du hast die himmlischen Mächte gebeten, dir zu helfen. Jetzt liegt es an dir, auf die Beweise ihrer Hilfe zu achten. Diese Karte bedeutet, dass deine Engel versuchen, mithilfe von Zeichen deine Aufmerksamkeit zu wecken. Vielleicht bitten sie einen Schmetterling oder einen Vogel, in deine Nähe zu fliegen, geben dir den Impuls, dir ein Lied mehrmals anzuhören, oder legen dir einen Gegenstand in den Weg, sodass du ihn bemerken musst. Auch das Ziehen dieser Karte ist ein Zeichen der Engel. Sie versuchen, dich zu erreichen – achte darauf!

Du kannst deine Engel bitten, dir ein Zeichen zu geben, wann immer du eine Frage hast oder eine Entscheidung treffen musst. In der Regel ist es keine gute Idee, genau festlegen zu wollen, welche Art von Zeichen du gerne sehen würdest. Überlass das den Engeln. Sie haben ein wunderbares Talent, dich ihre Gegenwart spüren zu lassen.

# Zeit zum Feiern

Bedeutung der Karte: *Gute Neuigkeiten! Es gibt jetzt Grund zum Feiern, und die Zeit ist gekommen, die Früchte deiner Arbeit zu ernten.*

Die Engel möchten dich wissen lassen, dass dies eine lichterfüllte Zeit in deinem Leben ist. Du hast auf Veränderungen hingearbeitet und deine Intentionen haben sich nun manifestiert. Es ist jetzt an der Zeit, das warme Gefühl der Dankbarkeit in deinem Herzen zu spüren.

Die Engel bitten dich durch diese Karte, diese Dankbarkeit voll auszukosten. Du bist wie ein Gärtner, der Samenkörner sät und sie nährt, weil er darauf vertraut, dass seine Arbeit neues Wachstum hervorbringen wird. Gib diesen jungen Trieben weiterhin Wasser und nähre sie mit deiner Liebe, und bald wirst du sehen, wie sie durch die Erdoberfläche ans Licht stoßen. Die Engel sind deine Gärtnerkollegen, die dir helfen, deine Ernte einzubringen.

## Künstler und Bezugsquellen

Viele der Engelbilder auf den Karten sind als Drucke erhältlich (ohne Rand und Bildlegende, in verschiedenen Formaten). Um diese Drucke käuflich zu erwerben, wenden Sie sich bitte direkt an die Künstler unter den unten angegebenen Adressen. Verlag und Autorin übernehmen keine Verantwortung für Transaktionen zwischen Ihnen und den jeweiligen Künstlern.

### *Bildmaterial von Shirley Ann*

Karten: Göttliche Führung, Intention, Kommunikation, Lernen, Neubeginn, Rückzug, Vertrauen, Zeit zum Feiern
Informationen über Grußkarten, Poster und Originale erhalten Sie bei:

White Meadow & Emerald Visions
Artistic Services and Products
2320 NE Brower Rd.
Corbett, OR 97019
Tel.: 001-503-695-2175
E-Mail: shirleya@cyberhighway.net
Website: www.netforest.com/angels

### *Bildmaterial von Corey Wolfe*

Karten: Entfaltung, Entzücken, Erhörtes Gebet, Geistiges Wachstum, Heilung, Loslassen, Macht, Manifestation, Meditation, Seelengefährte, Träume, Wunder, Zeichen.

Diese Gemälde sind als Photodrucke hoher Qualität erhältlich. Rabatte bei Mehrfachbestellungen möglich. Informationen bei:

Corey Wolfe
P.O. Box 422
Brush Prairie, WA 98606

## *Bildmaterial von Bruce Harman*

Karte: Unterstützung

Informationen über Neudrucke und Poster dieses Gemäldes bei:

Bruce Harman Visions
P.O. Box 770
Mt. Shasta, CA 96067
Tel.: 001-530-926-6300
E-Mail: harmanvisions@snowcrest.net

## *Bildmaterial von Elly M. Reeve*

Karte: Schutzengel

Informationen über Drucke oder Grußkarten dieses Gemäldes mit dem Originaltitel »Du bist nie allein« bei:

Elly M. Reeve
Tel.: 001-714-964-1846
E-Mail: emreeve@aol.com

# Über die Autorin

Doreen Virtue ist eine hellsichtig begabte Psychotherapeutin, die mit den Ebenen der Engel und der Feen arbeitet und andere Menschen lehrt, Engel und Feen zu erkennen, zu hören, zu sehen und zu fühlen. Sie ist Autorin der Bücher »Das Heilgeheimnis der Engel«, »Die Heilkraft der Engel«, »Die Heilkraft der Feen« und der beiden Kartendecks »Das Heilorakel der Engel« und »Das Heilorakel der Feen«.

Doreen Virtue war zu Gast bei diversen amerikanischen Fernsehshows, wie zum Beispiel Oprah, The View (mit Barbara Walters), Good Morning America und CNN. Artikel über ihre Arbeit sind in den amerikanischen Magazinen Redbook, McCall's, USA Today und anderen Publikationen erschienen.

Weitere Informationen über Seminare, Bücher und Kassetten finden Sie auf ihrer Website unter www.AngelTherapy.com.

Seelengefährte

Erzengel Michael

# Entfaltung

Zeichen

# Zeit zum Feiern

**KINDER**

Rückzug

Neue Liebe

GLEICHGEWICHT

# Unterstützung

# Heilung

# Musik

# Göttlicher Zeitplan

Macht

# MANIFESTATION

# Göttliche Führung

# HARMONIE

# Inspiration

INTENTION

Verspieltheit

KÖRPERBEWUSSTSEIN

# Geistiges Wachstum

# Träume

# Freiheit

KOMMUNIKATION

# Wunder

# Natur

ENTZÜCKEN

# Vertrauen

Fülle

Erhörtes Gebet

# Loslassen

KONZENTRATION

Segnungen

NEUBEGINN

# Wahrheit und Integrität

# Freundschaft

# ROMANTIK

Meditation

Lernen

# Schutzengel

**Vergebung**

Gelassenheit

Selbstliebe